AF242993

LETTRE

A

L'ASSEMBLÉE NATIONALE

BORDEAUX

IMPRIMERIE DE J. DELMAS

Rue Sainte-Catherine, 139

1871

LETTRE

A

L'ASSEMBLÉE NATIONALE

———⟶∙⟞———

I

REPRÉSENTANTS DE LA FRANCE.

La Patrie vous confie ses destinées à l'un des moments les plus critiques de son histoire. Après le devoir douloureux de signer une paix contre laquelle chacun proteste dans son cœur, la nation attend que vous attachiez votre nom à quelque service éclatant, qui prépare sa régénération.

Vous bornerez-vous, comme les Chambres de 1815, de 1830 et de 1848, à rétablir un ordre légal et à nous ramener dans l'ornière ancienne, sans autre changement que des titres et des noms propres? Ou bien, comme les hommes de 89, voyant crouler le vieil édifice, chercherez-vous quelque plan large et nouveau, qui écarte les inconvénients dont nous avons souffert et satisfasse aux aspirations nouvelles?

Rédigerez-vous des lois ou accomplirez-vous des réformes?

Je n'ai pas la prétention d'esquisser ici tous les traits de ce plan nécessaire; mais un détail important s'impose à votre examen. L'idée, déjà ancienne chez quelques esprits, se répand d'elle-même; elle est, pour ainsi dire, dans l'air. L'occasion de l'appliquer est unique, et, pendant plusieurs siècles peut-être, elle ne se reproduira plus : je veux parler de la translation en province du Gouvernement, c'est-à-dire du Congrès législatif, du Chef du pouvoir exécutif et des Ministres.

II

Que la France, minée par quelque mal profond, penche vers la décadence, c'est un axiome généralement admis. On dispute sur la cause; la religion ou l'irréligion, la race ou la vieillesse, sont tour à tour accusées. Comme si les Allemands, descendants des Germains, étaient plus jeunes que les Français descendants des Gaulois, des Germains et des Latins! Comme si notre race, qui a débordé sur le monde, aux temps barbares, avec Bellovèse et Brennus; au moyen âge, avec Godefroy de Bouillon, Philippe-Auguste et saint Louis; aux temps modernes, avec Louis XIV et Napoléon, avait tout à coup perdu sa séve! Comme si la France, tant de fois envahie, tant de fois écrasée, ne s'était pas toujours relevée! Comme si, après cent ans de guerre et de désastres, le roi de Bourges, restauré par Jeanne d'Arc, n'était pas redevenu le roi de France!

Écartons de la discussion ces causes mystiques qui

nous échappent, et reconnaissons tout simplement que la France est momentanément affaiblie par une accumulation de fausses mesures, par l'action prolongée d'un vice d'organisation qu'il dépend de nous d'écarter.

L'Allemagne était faible quand elle était divisée et mal conduite. Elle s'est montrée forte tout à coup, depuis qu'elle est concentrée dans la main de quelques hommes habiles.

Ne voit-on pas le même homme chanceler ou marcher droit, suivant qu'il est ivre ou sobre, sain ou malade?

Ce que tout le monde reconnaît, ce qui est incontestable, c'est que, étant données les habitudes de Paris, l'excès de la centralisation et de l'influence parisienne est une des causes les plus actives de nos malheurs.

On raconte qu'en 1814, le Prussien Blücher, emporté par la haine, voulut canonner Paris du haut de Montmartre; un général russe l'arrêta : « *Vous détestez la* » *France,* » lui dit-il, « *eh bien! épargnez Paris : la* » *France ne mourra que de Paris.* »

Puisse ce mot, quel qu'en soit l'auteur, n'être pas prophétique!

L'empire romain est mort de Rome, l'empire d'Orient est mort de Byzance, comme jadis le vieil empire assyrien était mort de Babylone.

III.

L'action pernicieuse de Paris s'exerce de deux manières :

1º Par la démoralisation lente de tout le personnel gouvernemental ;

2⁰ En favorisant des coups de main qui deviennent des coups d'État.

Pour la France, Paris est en même temps une plaie vive d'où le poison se répand dans le corps entier, et un cerveau plein d'intelligence et de feu, mais sujet à des coups d'apoplexie.

Examinons d'abord l'action démoralisatrice de Paris.

Pourquoi tous les Français, les fonctionnaires surtout, tendent-ils vers Paris? Pourquoi la Province est-elle peu à peu abandonnée? Pourquoi les villes de second et de troisième ordre qui étaient, au siècle dernier, et il y a trente ans à peine, des centres d'activité et de vie sociale, sont-elles mortes aujourd'hui? Est-ce parce qu'à Paris la vie est plus austère, plus laborieuse, plus désintéressée? N'est-ce pas plutôt parce que Paris offre plus de facilités au plaisir, à l'intrigue, à l'oisiveté?

La société parisienne s'alimente incessamment avec l'élite de la province. Pourquoi ces familles provinciales, transplantées à Paris, sont-elles, dès la seconde génération, frappées d'une décadence irrémédiable? — Est-ce parce que le milieu parisien est plus fécond, plus propice au développement de la race?

Quel labeur sérieux, quel esprit de suite, attendre d'un personnel politique qui partage son temps très-inégalement entre les bureaux, les salons, les théâtres, le bois et le reste?

Dans quel autre lieu que Paris, pourrait prospérer cette littérature sans goût, sans gravité, sans conscience, qui infeste les journaux, les livres, les spectacles, et qui répand dans le monde entier, avec la peinture des mœurs parisiennes, l'opinion que la France est une vaste maison de fous?

Que les Parisiens consomment ces produits du terroir, qu'ils s'en régalent, qu'ils en vivent, soit; mais que les hommes chargés des destinées du pays ne puissent échapper à cette atmosphère empoisonnée; qu'ils ne puissent se recueillir un moment sans que quelque fâcheux, solliciteur ou oisif, qu'attire la capitale, vienne frapper à leur porte; que leur temps soit incessamment dévoré par mille devoirs sociaux transformés par l'immensité de la ville en véritables travaux forcés; que, dans leur cervelle surmenée, un journal de cancans et de mensonges vienne chaque matin, semblable à un emporte-pièce, détruire ce qui peut y rester d'idées sérieuses et réfléchies; que, la cherté et le luxe croissant, tout un monde d'employés misérables soit sans cesse sollicité à compromettre son honneur ou à flagorner ses chefs; nous, citoyens français, nous pensons qu'il y a là, à la longue, un malheur public, et vous, nos représentants, si vous nous condamnez encore à ce régime manifestement contraire à notre tempérament, vous réaliserez la sinistre prophétie : *La France ne mourra que de Paris !*

IV

Lorsque éclata cette fatale guerre, un Français qui connaît la France et l'Allemagne résumait ainsi ses craintes : « La France sera vaincue par la Prusse, parce que depuis longtemps on travaille à Berlin, tandis qu'à Paris on s'amuse. »

La goutte d'eau séculaire creuse le roc. Quelle doit donc être la profondeur de l'abîme creusé entre deux peuples par tant d'années si différemment employées?

En effet, quelle différence entre les administrations publiques des deux pays ! A Berlin, tout est simple, sérieux, méthodique, utile, laborieux ; et chez nous, que voit-on ? — Inutile de le dire à des hommes qui ont fréquenté nos ministères.

Autrefois, il y avait en Allemagne deux puissances : l'Autriche grande et forte, la Prusse pauvre et modeste ; mais, dès cette époque, on s'amusait à Vienne, tandis qu'on travaillait à Berlin, moins peuplé alors que ne l'est aujourd'hui Bordeaux. Après un duel de plusieurs siècles, l'Autriche est définitivement subordonnée.

Croit-on que l'empire russe eût fait de si rapides progrès, si Pierre le Grand fût resté dans Moscou, ce foyer de l'esprit oriental et superstitieux, ce centre de richesses et de plaisirs ? Pour exécuter ses grands desseins, le Tsar, quittant sa capitale, s'est établi dans un désert ; Moscou n'a rien perdu à la fondation de Saint-Pétersbourg ; mais, impuissante à entraver les réformes, elle en a profité comme le reste de l'empire. La Russie, au lieu d'une capitale démesurée qui l'énerverait, en possède deux d'esprit différent, et qui, réagissant l'une sur l'autre, donnent une singulière vitalité à ce vaste empire, d'ailleurs déshérité de la nature.

Pourquoi est-ce dans la moins importante des capitales de l'Italie, à Turin plutôt qu'à Florence, Rome ou Naples, que s'est incarnée l'idée italienne qui gouverne aujourd'hui la péninsule entière ? Mais aussi, qui s'avisa jamais de célébrer les délices de Turin ?

Les Américains ont-ils lieu de se repentir d'avoir placé leur capitale à Washington plutôt qu'à New-York ?

V

Il faut se garder de confondre l'activité fébrile et excessive des Parisiens, qui prétendent mener de front le plaisir et les affaires, avec le travail effectif, réfléchi, qui seul peut régénérer la France.

La question n'est pas de savoir si chaque individu déploie plus d'activité à Paris qu'en province. La question que l'homme d'État doit se poser est celle-ci :

Les administrations publiques, supposées établies confortablement, mais simplement, dans une ville beaucoup moins étendue et peuplée que Paris, pourvue d'ailleurs de tous les instruments de travail, livres, archives, etc., qui ne se trouvent actuellement qu'à Paris, travailleront-elles avec plus de calme, plus de réflexion, et, par suite, plus de fruit qu'elles ne l'ont fait à Paris depuis tant d'années?

Cette force de centralisation qui transporte peu à peu tous les états-majors civils et militaires de la France à Paris, où ils vivent dans une agréable oisiveté, agira-t-elle aussi énergiquement lorsque le but de tant de démarches et de compétitions sera quelque ville de province?

La réponse à ces questions ne saurait être douteuse, et l'on peut affirmer que le déplacement du siége gouvernemental modifiera heureusement les allures du Gouvernement lui-même.

VI

Mais Paris n'agit pas seulement par la démoralisation ;
il favorise aussi les coups de main qui deviennent des
coups d'État, et que l'on peut comparer à ces coups
d'apoplexie qui, peu à peu, terrassent l'homme le plus
vigoureux. Ces coups de main ne sont possibles que
dans une grande ville ; ils sont d'autant plus faciles,
toutes choses égales d'ailleurs, que la ville est plus
grande et plus peuplée.

Sans remonter plus haut que les événements dont nous
avons été les témoins, les journées de juillet 1830, le
24 février 1848, le 15 mai, les journées de juin, le 2 décembre, le 4 septembre, eussent été impossibles dans
une petite ville.

Parmi ces coups d'État, il en est dont on ne peut mé-
dire aujourd'hui ; mais qui voudrait soutenir, de bonne
foi, que la série de ces événements, dont chacun est la
conséquence fatale du précédent, eût été plus profitable
au développement des institutions libérales que l'évolu-
tion lente, irrésistible, qui entraîne tous les peuples civi-
lisés vers la liberté ?

VII

Prenez un détail dont les derniers événements ont
montré toute l'importance. Le Président de la République, dans une sombre nuit de décembre, fait un coup
d'État militaire. Voilà, pendant vingt ans de règne,
Napoléon III condamné à protéger son trône par une

formidable occupation de Paris. Aussitôt, par une conséquence inévitable, ses adversaires les plus ardents travaillent à dissoudre l'armée : on fomente l'insubordination, on encourage la désertion, et, quelques mauvaises dispositions de la loi militaire favorisant le succès de ces manœuvres, lorsque l'empereur part en guerre, il se trouve que l'armée est perdue d'indiscipline.

Pour se défendre dans Paris, on a voulu faire une armée impériale, on a amené la ruine de l'armée nationale. Un coup de main populaire nous a valu les prétoriens, c'est-à-dire les généraux favoris et les remplaçants mercenaires, et ceux-ci n'ont su défendre ni leur maître ni la patrie.

Si la royauté de 1830 s'était établie en province, elle vivrait encore ; la République de 1848 vivrait encore si elle avait fixé son Président en province, ainsi que le gouvernement et le congrès, en les confiant à une garde constitutionnelle recrutée et commandée par les questeurs de la Chambre, avec défense, comme un crime de haute trahison, que jamais un soldat de l'armée régulière approchât en armes, à cinquante kilomètres du congrès, sans être appelé par une loi spéciale.

Nous aurions évité vingt années d'empire, vingt années d'affaissement moral ; nous aurions évité le Mexique, Reichshoffen, Sedan et leurs déplorables conséquences.

Ces propositions sont certaines, irréfutables. C'est donc bien Paris qui est la source troublée d'où découlent tous nos malheurs. Mais, quand on reconnaît le mal, on connaît aussi le remède.

Représentants de la France, souvenez-vous du passé, et, dans l'intérêt de l'avenir, mettez le gouvernement à l'abri des coups de main, qu'ils viennent d'en bas ou qu'ils viennent d'en haut !

VIII

Remarquez que si, par impossible, une émeute victorieuse dispersait le gouvernement de province, il ne s'ensuivrait pas nécessairement une révolution. Jamais une petite ville n'imposera son bon plaisir à la France, comme Paris l'a fait tant de fois. Paris accapare aujourd'hui toutes les forces politiques de la France. Nous nous en sommes bien aperçus lorsqu'il a fallu organiser la défense en province : tous les instruments d'administration et de guerre étaient dans Paris.

Une petite ville ne gouvernera que par la loi, ou plutôt ce ne sera plus une ville qui gouvernera, ce sera *la Loi* elle-même.

Lorsque le Gouvernement, protégé par une garde constitutionnelle, siégera en province, Paris n'aura pas plus de tentations d'émeute que Lyon ou Marseille ; les manifestations de la grande ville, privées de l'objectif d'une révolution facile, deviendront inoffensives ; la garde nationale suffira pour maintenir l'ordre ; il ne sera plus nécessaire de compromettre l'armée à cette besogne, et l'on effacera, entre les citoyens et les soldats, cet antagonisme si funeste à la discipline. Lorsqu'une révolution ne sera plus, pour les uns une crainte, pour d'autres une espérance, la minorité sera moins agressive, la majorité plus tolérante, et l'on peut, sans caresser le rêve chimérique d'un apaisement complet des passions, espérer que le transfert du Gouvernement dans un lieu plus calme amènera une détente dont profitera le pays.

Si vous ne déplacez pas le siége du Gouvernement, pas de stabilité pour les institutions, pas de travail sérieux, pas de réformes, pas de régénération pour l'armée.

IX

Un des grands avantages de la mesure proposée, c'est qu'elle est plutôt administrative que politique, c'est-à-dire qu'elle s'adapte également à tous les systèmes politiques.

Les partisans de la monarchie y trouveront un gage de durée, et, s'ils craignent que la royauté manque d'éclat en province, nous leur répondrons qu'il nous faut plus que jamais un Gouvernement simple et économe. La France n'est plus assez riche pour payer sa gloire.

Le séjour du Gouvernement en province conviendra surtout aux républicains sincères; j'entends ceux qui désirent l'établissement d'une république libérale, progressive, non autoritaire ni intolérante, en un mot, les partisans de la république légale, ceux qui veulent fonder une liberté durable sur le consentement réfléchi de la nation entière, et non ceux qui cherchent leur satisfaction personnelle par une république éphémère, improvisée un jour d'émeute.

Est-ce donc sans raison que les disciples de Franklin et de Washington ont mis leur capitale dans une petite ville, et que, par un article spécial de leur constitution, ils ont privé cette ville et le territoire qui l'environne de tous droits politiques? Washington et son territoire sont gouvernés par le congrès, comme le palais même des chambres.

On ne peut trop admirer la sagesse pratique de ces vrais amis de la liberté. Sans rechercher la fausse popularité, sans prêter l'oreille à des déclamations creuses, ils ont considéré comme une condition essentielle, une nécessité de vie ou de mort pour la république américaine, de mettre le Gouvernement à l'abri d'un coup de main populaire.

X

Voici, sur la capitale des États-Unis, un passage de Tocqueville déjà ancien, mais si clair, si démonstratif, qu'il brillera ici comme un pur diamant :

« L'Amérique n'a pas de grande capitale dont l'in-
» fluence directe ou indirecte se fasse sentir sur toute
» l'étendue du territoire, ce que je considère comme une
» des premières causes du maintien de la république
» aux États-Unis. Dans les villes, on ne peut guère em-
» pêcher les hommes de se concerter, de s'échauffer en
» commun, de prendre des résolutions subites et pas-
» sionnées. Les villes forment comme de grandes assem-
» blées dont tous les habitants sont membres. Le peuple
» y exerce une influence prodigieuse sur les magistrats,
» et souvent il y exécute, sans intermédiaire, sa volonté.

» Soumettre les provinces à la capitale, c'est donc re-
» mettre la destinée de tout l'empire, non-seulement dans
» les mains d'une portion du peuple, ce qui est injuste,
» mais encore dans les mains du peuple agissant par

» lui-même, ce qui est fort dangereux. La prépondé-
» rance des capitales porte donc une grave atteinte au
» système représentatif : elle fait tomber les républiques
» modernes dans le défaut des républiques de l'antiquité,
» qui ont toutes péri pour n'avoir pas connu ce sys-
» tème. » (1)

New-York, cette métropole commerciale de l'Amérique, est, dans son État, réduite au rang de sous-préfec-
ture ; le chef-lieu est à Albany. Aussi voit-on, les jours
d'émotion nationale, de puissantes masses populaires
circuler dans ses larges avenues sans que, malgré le
désordre local, le Gouvernement s'alarme, sans que,
dans l'étendue de la République, l'impassible majesté
des lois subisse la moindre atteinte.

Représentants de la France, donnez-nous ce calme,
signe de la force, et il ne suffira plus qu'un ministre
agite le spectre rouge pour obtenir d'une majorité timo-
rée le vote sans réserve de toutes les folles entreprises
qui ont ruiné la France.

XI

Vous entendrez une grave objection faite de bonne foi :
« Eh quoi ! vous dira-t-on, est-il convenable, lorsque
» l'héroïque Paris vient de sauver l'honneur de la France,

---

(1) Ce passage de Tocqueville est aussi rapporté par M. Pastoureau-
Labesse, dans son *Étude sur la constitution qui convient à la France.*
(Bordeaux, Gounouilhou, 1870). — En 1860, la ville de Washington ne
comptait encore que 61,000 habitants. — Il existe déjà en Amérique un
mouvement pour déplacer la capitale et la reporter vers l'ouest, dans
quelque ville plus centrale.

» est-il juste de lui porter ce coup, de lui arracher sa
» couronne? »

Il serait grand temps de ne plus se payer de mots
et d'en finir avec les raisons de sentiment. Qu'importe
l'intérêt particulier de Paris s'il s'agit du salut de la
France? Et d'ailleurs, chiffrons, si possible, l'héroïsme
de Paris.

Les circonstances m'ont permis de voir de près les
efforts de la défense, dans Paris, jusqu'au mois de no-
vembre, et, plus tard, en province; j'ai pu faire des
comparaisons, et j'ai acquis, sur ce point, une convic-
tion profonde.

Oui, l'élite de la population de Paris était disposée à
l'héroïsme; oui, elle était prête à tous les sacrifices, à
tous les dévouements; mais, en réalité, qu'a-t-elle fait,
sinon d'attendre en silence, avec la sagesse du désespoir?

Il y avait dans Paris, en nombres ronds, 500,000
hommes armés : Combien d'entre eux ont effectivement
pris part à une action militaire? 200,000 au plus.

Sur ces 200,000 hommes, il y avait 80,000 mobiles
de province, et 60,000 soldats de province; reste
60,000 mobilisés parisiens qui ont été mis en ligne, une
fois ou deux, et qu'il faut ajouter aux 300,000 gardes
nationaux parisiens, auxquels on n'a demandé que des
gardes peu dangereuses. Sur ce total de 360,000 Parisiens armés, combien sont tombés par le feu de l'en-
nemi, par le froid, par les marches forcées, par la faim,
le manque de secours médicaux, la fatigue et la misère?
Combien sont allés languir et mourir dans les forteresses
d'Allemagne?

Dressez la même statistique pour les armées de province, pour les soldats de d'Aurelles, de Chanzy, de Faidherbe, de Bourbaky ; et vous verrez de quel côté sont l'héroïsme, la souffrance, le dévouement à la patrie, de quel côté l'on a fait le plus pour sauver l'honneur !...

Sur les 100,000 Allemands mis hors de combat, combien ont été atteints par les 500,000 hommes de Paris qui étaient pourvus d'un armement formidable, et combien par les 500,000 soldats improvisés de la province ?

Ah ! si Paris, qui avait tout, les hommes et les armes, les usines et les forteresses, les états-majors et le gouvernement, si Paris, qu'une longue prévoyance avait rendu imprenable, s'était montré moitié aussi entreprenant qu'on l'a été en province, la France peut-être eût été sauvée !

Mais, encore un coup, écoutons la raison et non le sentiment, pesons l'intérêt de la France avant celui de Paris, et Paris lui-même, voyons-le tel qu'il est. Voulez-vous mettre encore les destinées de la France à la merci de cette population que l'oisiveté du siége a complétement dévoyée, qui a pris goût à ce communisme du rationnement et de l'assistance publique, nécessaire pendant la défense, mais déplorable en temps normal ? Depuis cinq mois, Paris vit sans travail, sans affaires, sans communications avec la France et le monde ; voulez-vous lui confier encore la direction de nos affaires ?

XII

Ne craignez pas que, par le départ du gouvernement, Paris soit ruiné ni même qu'il soit sensiblement arrêté dans son développement.

Paris est aujourd'hui et restera la capitale de fait ; il

sera toujours la plus belle ville du monde, la plus grande forteresse, le foyer de l'industrie, du commerce, des arts et de toute l'activité nationale.

Que peut-on craindre pour Paris déjà célébré par les Romains; Paris traversé par la Seine; Paris vers qui convergent tous nos chemins de fer, tous nos canaux; Paris vers qui le Loing, l'Yonne, l'Aube, la Marne, l'Oise, apportent les tributs de tant de provinces?

Paris n'eût pas été la capitale politique qu'il serait devenu, par droit naturel, la capitale effective, la première, la plus riche ville de France avant Bordeaux, Marseille ou Lyon.

Vous enlèverez à Paris le Congrès législatif, le Pouvoir exécutif; vous laisserez dans Paris tous les établissements publics, les bibliothèques, les musées, les grandes écoles, les grandes usines, l'Institut, la Cour de cassation, la Cour des comptes, les théâtres, les directions des chemins de fer, la Banque de France, la Bourse, et s'il faut encore de brillantes fêtes aux Parisiens, l'Hôtel-de-Ville leur restera pour éblouir l'Europe.

Vous ne transporterez hors Paris que la machine politique, et Paris conservera plus de richesses matérielles et morales que n'en possèdent ensemble Francfort, Dresde, Venise, Naples, Moscou, etc., qui ne sont plus des capitales.

Sous les précédents régimes, pendant que les chambres étaient prorogées, quand le gouvernement était en villégiature, s'apercevait-on que Paris fût vide ou mort?

Lorsque Paris sera mis à l'abri des tentations d'émeute, sa prospérité croîtra par la confiance; les étrangers s'y fixeront en plus grand nombre. En cessant de régner sur la France, Paris affermira son empire sur l'Europe.

Mais, d'ailleurs, si la mesure proposée, tout en donnant la paix intérieure à notre patrie, qui en a tant besoin, arrêtait le développement de Paris, ce serait un double bienfait, car, dès maintenant, la grandeur de Paris est excessive.

XIII

Un mot de la question d'argent : il est difficile de calculer ce qu'il en coûtera pour établir en province la machine gouvernementale réduite à sa plus simple expression et installée commodément, mais sans luxe.

Supposons qu'il faille 30 ou 40 millions ; cette somme se retrouvera en deux exercices, par les économies réalisées sur la liste civile et les dotations des princes et des grands dignitaires de l'empire. La dépense, quelle qu'elle soit, sera regagnée dix fois, en peu d'années, par les économies que l'ordre et le travail introduiront dans nos budgets. Enfin, le bénéfice réalisé sera incalculable, si la mesure proposée est le premier pas dans la voie de la régénération.

Sans doute le déplacement du gouvernement entraînera d'abord quelque gêne, des embarras de détail ; il faudra secouer la poudre des paperasses, rompre des habitudes invétérées, licencier des parasites. Combien de coûteuses inutilités seront mises au rebut, lorsque, après inventaire général, on s'apercevra qu'elles ne valent pas les frais du déménagement.

Si l'on pèse les objections minuscules, si l'on consulte les intérêts particuliers, on rencontrera mille obstacles, on excitera une clameur soutenue par la grande voix de

Paris ; mais, qui voudrait, dans sa conscience, s'arrêter à d'obscurs détails lorsque les événements sont si grands, la leçon si claire, l'avenir si sombre ?

XIV

Dans quel lieu convient-il d'installer le Gouvernement? — Une commission spéciale, qui examinera, dans les différentes villes concurrentes, la topographie, le climat, l'état sanitaire, les emplacements disponibles, les voies de communication, etc., peut seule faire une proposition motivée. Cependant, quelques conditions nécessaires peuvent être indiquées d'avance.

Le Gouvernement ne doit pas s'éloigner trop de Paris : il doit, si l'on peut dire, conserver Paris sous la main et rester en communication incessante avec ce grand foyer d'où rayonnent incessamment la pensée et l'ardeur nationales.

Cependant, le siége du gouvernement doit s'éloigner assez de Paris pour éviter les deux influences funestes que nous avons reconnues plus haut.

Nous cherchons une installation favorable au travail; sous ce rapport, Versailles serait pire que Paris. Le personnel administratif continuerait à habiter Paris, et chacun perdrait, chaque jour, le temps d'un double voyage. On verrait se prolonger, toute l'année, la mobilité si fatigante, si contraire à la réflexion, qui, pendant les mois de villégiature, jette, deux fois par jour, les Parisiens en wagon.

Sous le rapport des coups de main, Versailles ne serait

pas bien choisi : les journées des 5 et 6 octobre en font foi.

Fontainebleau serait préférable à Versailles, quoique trop voisin encore de Paris, trop exposé militairement en cas de guerre.

Tout considéré, il paraît préférable de transporter le siége du gouvernement vers l'ouest ou le sud-ouest, à cent kilomètres environ de Paris. Orléans, qui aura bientôt six branches de chemin de fer, Blois, Tours (six embranchements), Vendôme, Chartres, Dreux, conviendraient à des degrés divers.

XV

Représentants de la France, voyez la détresse de la Patrie, voyez la décadence, voyez l'abîme ! Le pays attend de votre courage patriotique quelque service qui adoucisse cette paix cruelle, de larges réformes qui préparent la renaissance. La translation du gouvernement en province est une de ces réformes : non pas la seule, mais la première, celle qui rendra les autres possibles.

Nous périssons par la légèreté, le manque d'ordre, de discipline, de travail ; nous périssons par des défauts naturels que la vie de Paris surexcite et rend plus funestes. Le moment est solennel, l'occasion est unique ; ne vous laissez pas arrêter par des considérations secondaires ; imitez cet homme qui, s'apercevant tout à coup que la passion qui l'a longtemps dominé ruine ses forces et sa fortune, redevient maître de lui-même par un puissant effort de sa volonté.

Sans doute, il serait plus agréable pour vous de retourner à Paris : les installations sont toutes faites, somptueuses, commodes; mille agréments vous y attirent, que la province ne peut vous offrir; mais ces tentations mêmes vous montrent de quel côté est, pour la France, le salut, et, pour vous, le devoir!...

Bordeaux, 1er mars 1871.

E. CÉZANNE,
Ingénieur des ponts et chaussées.

www.ingramcontent.com/pod-product-compliance
Lightning Source LLC
Chambersburg PA
CBHW061643050726
47595CB00007B/3281